Lydie Guillem

Décors et Compositions pour Porcelaine

Faïence et autres supports

Éditions Didier CARPENTIER

Lydie Guillem est née à Barsac en Gironde le 15 mai 1934. Dès sa plus tendre enfance, elle se découvre une véritable passion pour le dessin. Après quatre années d'études aux Beaux-Arts de Bordeaux, elle entre dans la vie active comme dessinatrice-modéliste dans une verrerie Bordelaise.

Mère de famille, elle consacre ses loisirs à ce qui devient pour elle une seconde nature : la peinture sur porcelaine.

Auteur d'un premier livre "Découvrir et s'initier à la peinture sur porcelaine", un Art de Passion, paru chez le même éditeur, elle vous présente, aujourd'hui, un ouvrage complémentaire qui vous aidera à exprimer votre imagination et votre sens créatif, dans la réalisation de décors pour vos objets au quotidien.

Tous les dessins présentés sont des créations de l'auteur

Sommaire

Introduction

Les motifs décoratifs que nous vous proposons dans cet ouvrage peuvent être exécutés sur différents supports au gré de votre imagination.

Les modèles que vous trouverez au fil des pages, peuvent être réalisés indifféremment, sur un coussin, une assiette, un panneau de porte ou de paravent, ou plus simplement sur un cache-pot.

Il est néanmoins souhaitable de vous reporter aux ouvrages de références, sur l'application des techniques, afin d'obtenir les meilleurs résultats de vos réalisations.

La technique de la peinture sur porcelaine reste délicate et demande beaucoup de soin.

Aussi, nous nous permettons de vous rappeler quelques points essentiels:

- Mélangez bien les poudres et les mixtions dans la préparation de vos couleurs.
- Constituez un nuancier de référence pour mémoriser les couleurs.

Ce nuancier est indispensable; il vous servira de repères dans vos différents mélanges et vous permettra de visualiser leurs transformations après cuisson.

- Préparez la couleur à sa juste consistance. Si la préparation est trop épaisse ou trop grasse, elle risque "d'écailler", si elle est trop fluide, elle risque de "fuser".
- Travaillez les nuances avec légèreté, vous obtiendrez une belle transparence.
- Les retouches après cuisson permettent de terminer un décor en renforçant les couleurs, les ombres et les détails. Méfiez-vous des retouches trop lourdes, ou recouvrant une grande partie du décor.
- Attention au mélange de certaines couleurs. Pour plus de sécurité, faites un échantillon.

Si vous respectez bien tous ces éléments, vous obtiendrez de bons résultats. Ne vous découragez pas, la maîtrise de la technique viendra avec le temps. Entraînez-vous le plus possible, vous serez récompensé de vos efforts... mais soyez patient et persévérant.

Généralités

L'ouvrage que nous avons réalisé à votre attention est un véritable guide.

Il vous aidera dans la recherche de modèles, de dessins et de compositions.

Toutefois, vos réalisations devront avoir votre touche personnelle, afin qu'elles deviennent des créations originales.

A partir des dessins que nous vous proposons et suivant les pièces que vous souhaitez décorer, vous allez personnaliser chaque objet.

- Agrandissez ou réduisez un dessin de base, afin de trouver la bonne dimension qui conviendra à votre porcelaine.
- Ajoutez de légères branches, des boutons ou des petites fleurs pour allonger ou arrondir un motif.
- Tous les modèles, proposés à titre d'exemple, peuvent se modifier sans aucune difficulté.

Il vous suffit, pour cela, de bien préparer votre travail, d'en tracer les axes et les divisions, de centrer correctement les décors en fonction de la pièce à décorer, de bien calculer le nombre de bordures qui seront nécessaires pour la réalisation des pièces.

Ensuite, il vous sera facile de compléter le dessin par de petits détails qui vont arrondir, galber ou allonger le motif choisi.

Le motif d'accompagnement est le complément indispensable. Pour chaque thème, nous vous proposons un choix de frises et de bordures.

Dans le cas de pièces plus importantes, vases ou potiches, le même décor peut servir de motif central. L'aspect général sera personnalisé grâce au décor d'accompagnement.

Les paysages qui sont présentés par deux, peuvent former des frises ou être utilisés séparément.

Ils sont harmonieusement complétés avec des filets, frises ou dentelles, ainsi que tous les autres motifs de fleurs, fruits ou oiseaux.

Il est souhaitable de garder une bordure blanche ou légèrement rehaussée d'or voire de couleur en harmonie avec le motif central, pour le travail sur des pièces ayant un relief sur le marli *(perles, vagues, relief de style ...)*.

Avec calme et patience, laissez-vous guider par le rêve et l'imagination...

Bouquets ronds

La base de cette composition se compose de trois fleurs de même volume. Elles sont entourées de feuilles et de légers boutons, ou de branches fleuries. Chaque "bouquet de base" peut se transformer par agrandissement ou réduction (fig. : 1-2-3) en fonction de l'objet à décorer.

fig. 1

fig. 2

Le décor de base *(fig. 4)* peut être modifié par l'apport de légères branches fleuries, qui l'allongent et l'agrandissent délicatement *(fig.5)*.

fig. 3

fig. 4

fig. 5

Bouquets de base

Les couleurs sont également un moyen de modifier le décor. Les fleurs centrales feront l'objet du choix des couleurs principales. Boutons et petites fleurs viendront ensuite s'harmoniser.

Vous pouvez choisir une gamme de camaïeu *(c'est-à-dire une seule couleur pour l'ensemble du décor, nuancée du plus clair au plus foncé).*

Vous pouvez jouer l'harmonie des couleurs :

- rose carmin - pourpre - violine
- jaune d'or - jaune brun - capucine
- bleu clair - bleu moyen - violet
- violet d'or clair - bleu moyen - pourpre

La gamme multicolore va permettre de faire des bouquets riches en couleurs éclatantes et lumineuses :

- rose carmin - turquoise - jaune
- rouge capucine - blanc - jaune d'or
- pourpre - violet - bleu riche

Vase

Le "bouquet de base" sur la partie galbée est allongé sur le col par des branches fleuries. De simples filets de couleur en harmonie avec les couleurs du bouquet, terminent sobrement ce décor laissant toute l'importance au motif central.

Tasse et sous-tasse

Le "bouquet de base" est utilisé normalement pour la tasse.
On supprime une fleur pour celui de la sous-tasse. Il est allongé de chaque côté par de légères branches qui suivent la courbe de la sous-tasse.
Une dentelle *(fig. 1)* ou un simple filet d'or *(fig. 2)* complète ce décor.

Coffret

La surface de chaque coffret est décorée d'un "bouquet de base". Un motif décoratif *(fig. 3)* ou un semis de petits boutons de fleurs, décore leur base.
Complétez l'ensemble par une dentelle, un filet ou des petits points.

fig. 2

fig. 1

Cendrier vide-poches

Le bouquet central est agrandi par des feuilles longues et des boutons de fleurs. L'encadrement se compose d'une frise de demi-fleurs ou d'une bande de couleur agrémentée de petits points *(fig. 4)*.

fig. 3

fig. 4

Grosses fleurs

La composition de ces bouquets se fait à partir de trois fleurs de même variété et de même couleur. Il y a un certain équilibre entre la couleur des fleurs et celle du vert des feuilles.

Ce modèle "Grosses fleurs" permet un décor sobre, grâce à l'utilisation de deux couleurs nuancées. Il peut être cependant riche et varié, si l'on utilise des couleurs différentes pour chaque motif de base. Les fleurs peuvent être de couleur jaune d'or, nuancé de brun jaune - capucine et jaune brun - pourpre foncé et carmin - bleu ciel et outremer. Les feuilles peuvent varier en couleur du vert foncé au vert jaune.

Assiette

Frise assortie
au motif central.

Plat

Frise assortie
au motif central.

Tasses et sous-tasses

Filet de la même couleur
que les fleurs ou du vert des feuilles.

Filet large de la même couleur que le vert des feuilles
et contre-filet de la couleur des fleurs.

Fleurs bordées d'or

Ces fleurs sont traitées de façon décorative.

Après la pose des couleurs de base, les retouches et la première cuisson, il faut reprendre le motif en cernant les fleurs, les feuilles, les tiges et s'il y a lieu les nervures des feuilles ou le détail des fleurs d'un filet d'or brillant, (fig. 1).

Une nouvelle cuisson est alors nécessaire.

De simples filets d'or ou de couleur, suffisent à compléter ces décors déjà très riches, par le travail à l'or sur le motif floral.

fig. 1

Compositions florales dans des vases

Ces compositions florales décorent parfaitement assiettes, plats, coffrets et coupes.

Le choix des frises permet de modifier l'aspect général du décor. Il doit être en harmonie de couleurs, avec le bouquet central.

Les coupes et les vases des modèles, sont traités de façon à traduire la transparence du verre, ou l'opacité de la terre cuite vernissée.

Coffret

Coupe

Comment traiter les vases et coupes transparentes ?

Travaillez la coupe
en gris clair légèrement bleuté.
Accentuez la couleur pour
traduire l'épaisseur du verre.
Les tiges des fleurs,
à l'intérieur du vase, sont peintes
sur la surface gris clair, avec
une teinte plus claire
que pour les tiges
hors du vase.

Comment peindre les coupes vernissées ?

Suivant le choix
des couleurs du bouquet,
la coupe sera peinte avec un ton chaud
*(ocre nuancé de brun rouge, capucine
et ocre rehaussé de noir).*
Elle peut être
également peinte avec un vert
profond et décorée
de motifs géométriques
de couleur blanche, jaune
et vert clair.

fig. 1

Les Orchidées

Cette fleur somptueuse n'a guère besoin de complément pour faire valoir sa beauté.

La fleur, de couleurs vives ou irisées, s'accompagne simplement de feuilles et de tige d'une raideur majestueuse (fig. 1), ou de lianes souples (fig. 2)

fig. 2

Assiette

Une orchidée par assiette pour un service à dessert...digne des plus grandes tables.

fig. 1

Compositions pour motifs multicolores

Vous pouvez peindre ces compositions de fleurs entremêlées, avec des couleurs vives et des tons chauds (capucine - jaune d'or - ocre - bleu riche).

Pour des bouquets romantiques, choisissez des nuances plus claires et des tons plus doux. Quelque soit la couleur, pensez à la transparence des pétales.

Bouquet à la tulipe

Bouquet à l'iris

Grand bouquet aux liserons

*Pour un centre de grand plat ou un couvercle de coffret,
ce grand bouquet aux liserons peut trouver un complément décoratif,
avec les diverses frises présentées ci-dessous.*

Centre de plat rond

Harmonie de couleurs
pour ce grand bouquet dont
vous pourrez peindre les *liserons*
en pourpre de rose
et les *marguerites* en blanc/gris
rehaussé de rose.

Pour les autres fleurs, utilisez des couleurs
pourpre, violet clair et turquoise bleu.
Les cœurs peuvent-être peints
en jaune et ocre, mais l'application de
vert jade dans les fleurs de teinte violet clair,
apporte une note originale et très lumineuse.

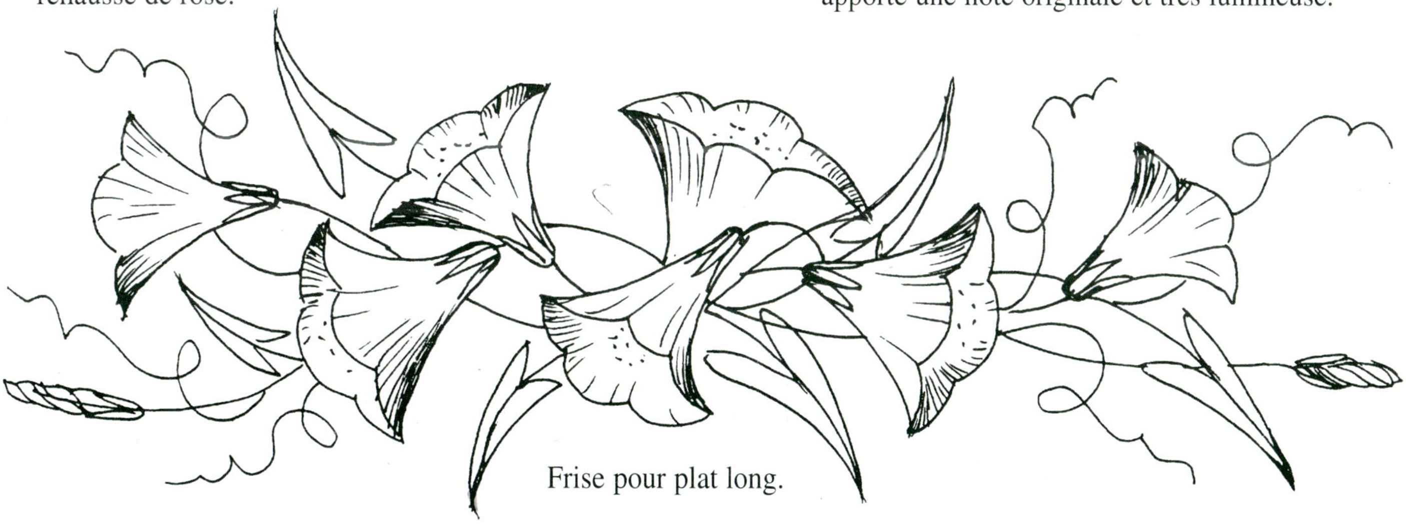

Frise pour plat long.

Grand bouquet aux iris

Des frises d'iris (1), de feuillage (2), de petites fleurs (3) ou une bordure marbrée (4), un choix qu'il vous reste à faire pour compléter ce grand bouquet aux iris.

Harmonie de couleurs

Iris : jaune et bleu ou violet, nuancé de rose.
Clochettes : bleu clair.

Fleur centrale : pourpre rose.
Branches fleuries : pourpre, blanc bleuté et violine.

Bouquet long-Bouquet rond

L'art de modifier un bouquet

Pour composer le décor de ce plat, prenez le bouquet long de la fig. 1. Ajoutez-y des branches fleuries pour l'arrondir à la dimension du centre à décorer. Laissez un espace entre le motif central et la frise extérieure (fig. 2).

fig. 2

La frise apporte un complément indispensable à ce décor. Prévoyez l'espace nécessaire à son exécution dès la mise en place du décor central.

Si vous ne faites pas de frise, un simple filet de couleur ou d'or terminera agréablement votre travail.

fig. 1

fig. 1

fig. 5

fig. 6

fig. 7

Symboles des Arts

fig. 8

fig. 2

fig. 3

Les motifs de base (fig. : 1-2-3-4) peuvent être modifiés en fonction de l'objet à décorer. Le motif de base placé au centre du décor, sera arrondi avec de nouvelles branches fleuries.

Le choix des couleurs sera fait en fonction des goûts de la personne à qui l'objet est destiné. Tenez-en compte car ce décor symbolique est très personnalisé.

fig. 5

fig. 9

Les frises accompagnant les décors soulignent l'aspect léger ou romantique, (fig. : 5-6-7) par de petites fleurs ou une dentelle d'or.

Pour un décor élégant ou dépouillé, des filets d'or et des bandes de couleur en harmonie seront de mise (fig. 8 et 9).

Pour un lettré, un peintre ou un musicien, le symbole de son Art sera source de nombreuses compositions.

fig. 4

Compositions avec des feuilles

Des feuilles de toutes formes, entremêlées comme un "1000 fleurs" composent un décor riche en couleurs.

Jouez sur toute la gamme des verts. Du plus foncé au plus clair, du vert-jaune au jade, sans oublier les ors, ocres et rouges de l'automne. (fig. 1).

En compositions décoratives (fig. 2), elles orneront bordures d'assiettes, de tasses ou tout autre objet de votre choix.

fig. 1

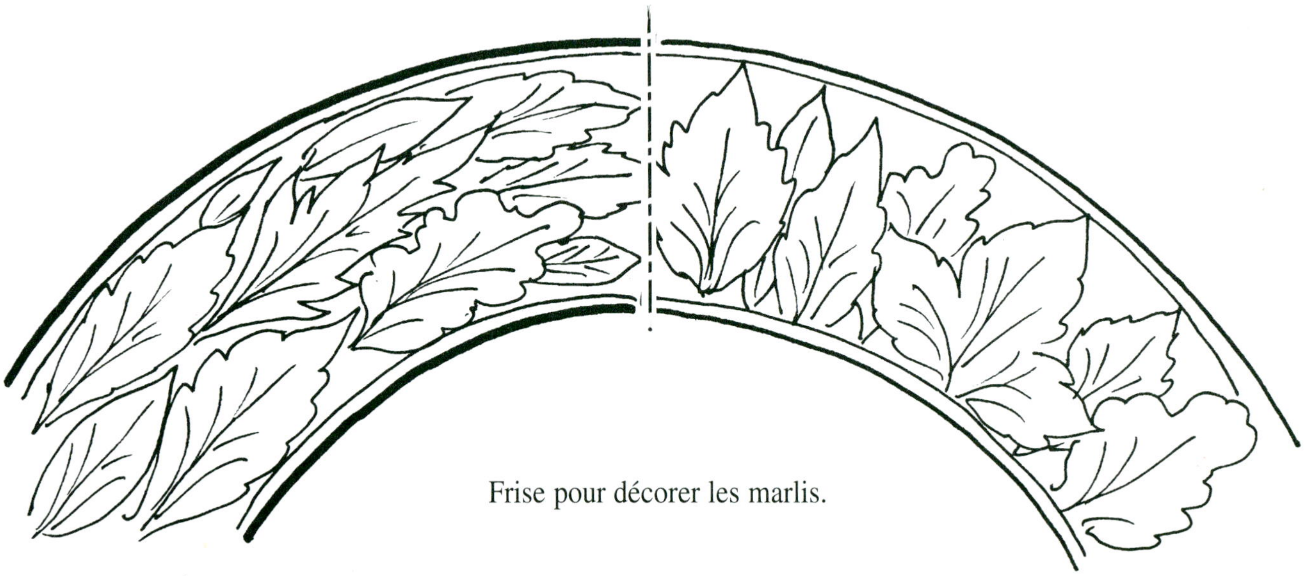

Frise pour décorer les marlis.

fig. 2

Tasse et sous-tasse

Bol

Assiette

Cendrier

Compositions avec des fruits

Des fruits dans des coupes, agrémentés de fleurs, peuvent être un décor très intéressant pour un centre d'assiette ou de plat.

En frise pour décorer les marlis, en guirlande pour des plats longs ou des carreaux, les fruits et les fleurs trouveront toujours leur place. Les variantes en sont multiples et fort intéressantes.

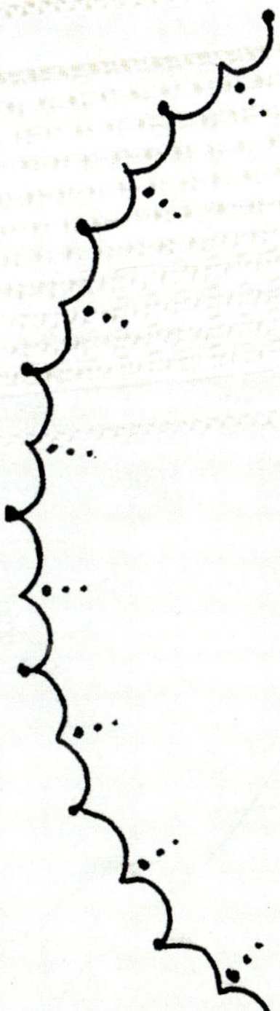

Pomme

Poire

Prune

Raisin

Cerise

Groseille

Fraise

Framboise

Mûre

Orange

Ananas

Citron

Mirabelle

Cassis

Abricot

Fruits et fleurs

Pour décorer un grand plat, ce motif présente le double plaisir de peindre des fruits et des fleurs. Donnez toute l'importance aux fruits. Les fleurs viendront agrandir le motif sans l'alourdir.

Fruits

Les fruits du centre sont importants *(pomme, poire, pêche ou prune)*. Les volumes seront travaillés par putoisage, pour donner le velouté ou la douceur de la peau. Les petits fruits se travaillent aupinceau par petites touches en dégradé, pour donner le galbe de chaque fruit.

Centre de plat

Centre d'assiette

Rochers et fleurs de Chine

L'élément de pierre qu'est le rocher, sert de base à la composition de ces décors. La variété des nuances de ces pierres, gris rosé, gris jade, gris bleuté, va permettre une harmonie très douce pour accompagner par exemple, des fleurs de Chine, de pommier et de lotus.

Les verts des feuilles et des boutons, apportent l'équilibre des couleurs plus foncées, dans l'ensemble de ces compositions.

fig. 1

fig. 2

Tracez le décor à la plume.
Ombrez le rocher et mettez en place
les couleurs des fleurs, des feuilles et des bambous.

La fleur principale est réalisée en pourpre
foncé avec des nuances. Les petites fleurs en rose
carmin *(fig. : 1-2).*

Pour la *fig. 3,* les fleurs peuvent avoir
une harmonie de tons chauds,
(capucine, jaune brun et jaune d'or)

fig. 3

Pour les nénuphars *(fig. 4).*
des tons de rose, blanc rosé
ou violine peuvent être utilisés pour garder toute la finesse
de ces fleurs délicates. La transparence
dans les pétales sera un atout supplémentaire
de légèreté.

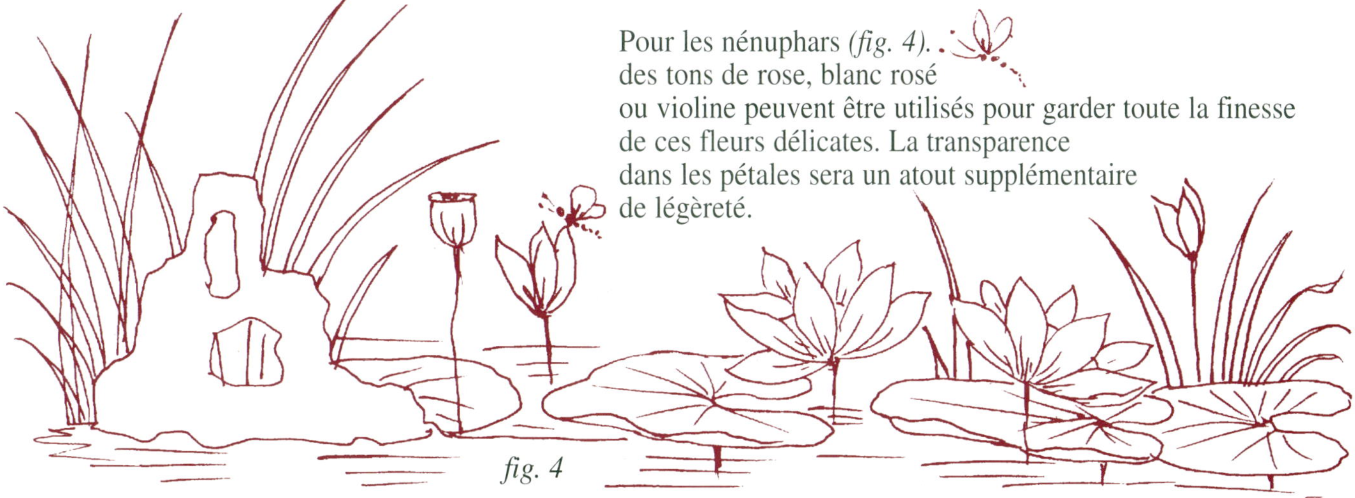

fig. 4

Paysages aux bambous

L'élément décoratif du bambou, prend la place la plus importante dans ces décors.

Un paysage léger en demi-teinte, montagnes, lacs et reflets dans l'eau, accompagnent les grandes flèches des troncs et des feuilles de bambou.

Ces décors sont très beaux en camaïeu de couleur sépia, gris bleuté ou noir rouge paysage.

Grand plat

Le motif central peut être réalisé en camaïeu. Une frise en harmonie avec le ton du camaïeu et rehaussé d'or sera d'un bel effet.

Cendrier

Un paysage en camaïeu décore le centre du cendrier ou du vide-poche. Les bords sont putoisés avec deux couleurs en harmonie avec le centre.

Paysages de Chine

Pour réaliser ces paysages avec la légèreté qui est nécessaire, commencez par peindre les lointains, montagnes et collines. Travaillez-les dans des tons très doux de gris, rose et violine.

A l'horizontale, peignez l'eau des lacs et des torrents, nuancée de bleu foncé au turquoise en passant par des gris bleupour l'eau qui se déplace entre les rochers des premiers plans.

Les rochers sont traités en ocre jaune avec des nuances de gris ou de vert, suivant les reliefs ou la verdure qui les recouvrent.

Les arbres prennent racine sur ces rochers, pour s'élever vers le ciel en superposition des lointains et des montagnes.

Les chalets sont d'abord ébauchés en jaune brun.

Lorsque tout est en place, reprenez en détail les feuillages, les troncs, les buissons et les grandes herbes.

Finissez par une note colorée sur le chalet en peignant le bord de toit et la terrasse en rouge capucine, sans oublier les détails des ouvertures en noir et les ombres sur le sol.

Compositions pour grandes potiches

Les paysages

Les paysages présentés peuvent-être utilisés partiellement ou en totalité en frise.

Partiellement, ils s'adaptent à un centre d'assiette, de boîte ou de coffret. Dans ce cas, il est nécessaire d'arrondir le motif vers la base en ajoutant de la verdure et en inclinant les branches pour suivre la courbe de l'objet (fig. 1).

Par deux ou trois, les paysages forment une frise pour décorer tasses, vases et potiches.

Le décor d'accompagnement peut être réalisé avec une légère frise de paysages (fig. 2), de fleurs de verdure (fig. 3) ou un motif décoratif de dentelle et filets (fig. 4).

fig. 2

fig. 3

fig. 1

Coffret

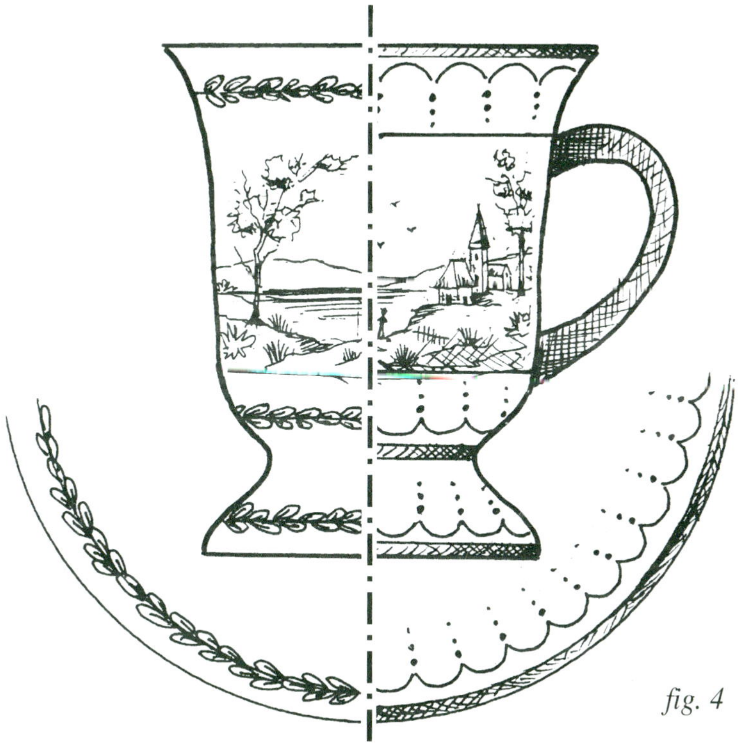

fig. 4

Tasse et sous-tasse

Fleurs de Chine

Ces formes de fleurs peuvent s'adapter pour les décors de style "Imari".

Les couleurs en seront alors ; le rouge capucine, le jaune brun et le bleu, le tout rehaussé d'or.

Ces mêmes fleurs, de tons plus doux ou pastels ; carmin, pourpre ou violine, seront accompagnées d'une gamme de verts lumineux pour en faire des Fleurs de Chine très harmonieuses.

Les frises d'encadrement (fig. 1) seront assorties aux couleurs du motif central.

fig. 1

fig. 2

Pour compléter ces décors avec de l'or, il est absolument nécessaire de faire une cuisson préalable des couleurs.
L'or brillant sera alors posé sur la couleur, ou à la limite du motif,
pour accentuer le mouvement par des pleins et des déliés mais sans le cerner *(fig. 2)*.

Compositions décoratives pour frises

Voici pour accompagner de nombreux décors,
vingt-quatre idées de frises à utiliser en harmonie avec le décor central.

L'importance du marli ou la surface blanche restante, permettra peut-être d'utiliser deux frises (exemple : une dentelle et un motif floral - une frise de verdure et un petit paysage).

Les poissons

Six modèles de poissons "imaginaires",
pour décorer plats, assiettes, frises ou carreaux.

Sur fond d'algues ou de vagues servant de motifs décoratifs,
les poissons seront toujours dans leur élément.

Grand plat

Assiette

Les oiseaux

Quelle merveilleuse source d'inspiration sont les oiseaux...

Les couleurs en sont multiples et le travail des plumes est très important.
Il faut respecter le sens du plumage, en imaginant que le pinceau caresse l'oiseau.

Le bout des grandes plumes est rehaussé d'une couleur plus foncée,
pour accentuer le mouvement des ailes et du corps.

Pour les accompagner, fleurs ou branches fleuries apportent la couleur,
la légèreté et la possibilité de modifier les motifs de base, en fonction des objets à décorer.

fig. 1

fig. 2

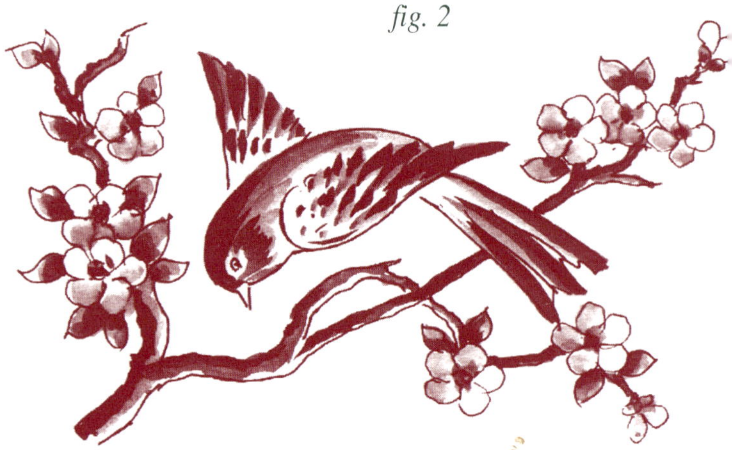

fig. 3

fig. 4

Vase

Pour ce vase, le décor de base *(fig. 1)* est allongé par les feuillages disposés de part et d'autre de l'oiseau.

Cache-pot

Le motif de base *(fig. 4)* permet de décorer la surface en longueur.

Les branches de glycine sont allongées de chaque côté, pour continuer le décor sur l'arrondi du cache-pot.

Coffrets

Pour décorer la base des coffrets, reprenez un élément du motif de base *(fig. 2 et 3)* pour en faire une frise assortie au couvercle. Une petite fleur à l'intérieur de la boite termine délicatement le décor.

L'assiette ci-dessus est décorée d'une frise fleurie, agrémentée de noeuds, pour un décor romantique.

Un oiseau volontairement décentré et placé dans une courbe de l'assiette, un petit papillon qui le survole, le tout dans une grande surface blanche. Voici trois éléments pour obtenir un décord très dépouillé.

Oiseaux et branches de fleurs

fig. 1

fig. 2

fig. 3

fig. 4

Les motifs de base *(fig. 1-2-3-4 et 5)* peuvent être utilisés dans leur totalité, pour des pièces importantes tels que grands plats et assiettes.

Pour les adapter à des pièces plus petites, enlevez le motif floral du côté opposé à l'oiseau et modifiez les branches. "L'oiseau sur la branche" *(fig. 2)* peut être réalisé sur le dessus d'un coffret. La branche est alors prolongée pour remplir l'espace arrondi *(fig. 5)*.

fig. 5

Tasse et sous-tasse

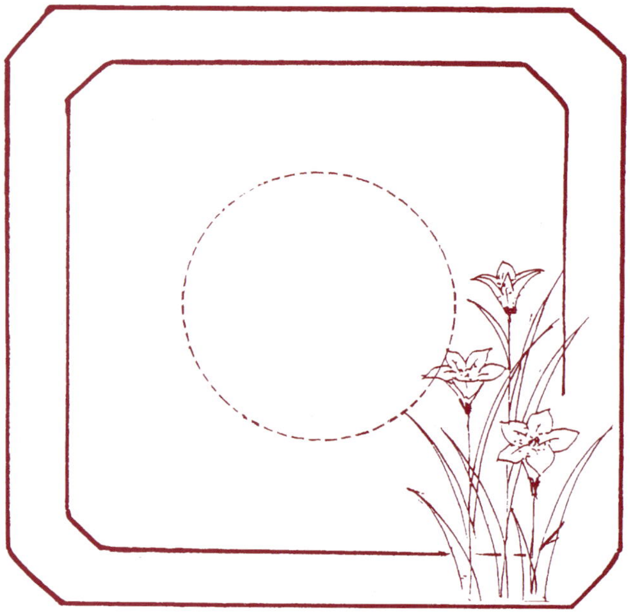

Le décor de base *(fig. 6)* est divisé.
Le motif floral va décorer
la sous-tasse.
L'oiseau sur la branche
ornera la tasse.

fig. 6

Motifs décoratifs en virgules

L'art de la virgule est une base indispensable à acquérir.

Bien maîtrisée, la virgule permet de réaliser de beaux dégradés pour modeler fleurs et feuilles.

Ici, présentée en motifs décoratifs, la virgule aux multiples couleurs, permet des décors originaux.

Tasse et sous-tasse
Bol ou coupe
Cendrier
Vide-poche
Assiette

Application sur bois

Meuble

Chandelier

Boîte cuisine

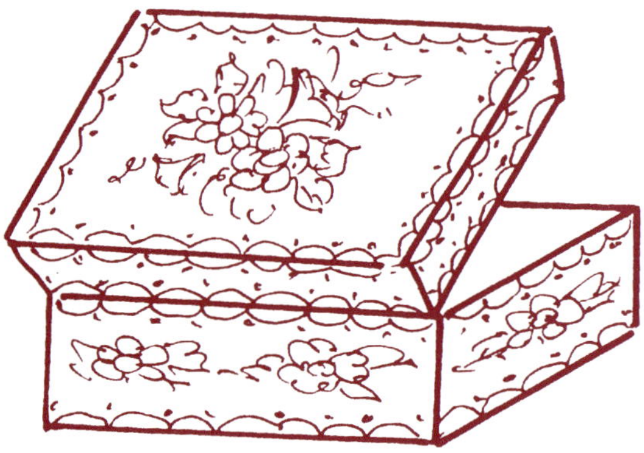

Coffret

Boite

Plateau

Plateau

Plumier

Porte-rouleau cuisine

Jardinière

Application sur tissus et sur soie

Nappe et serviettes de table

Foulard

Tablier et gant de cuisine

Tee-shirt pour l'été

Mouchoirs ou serviettes de table

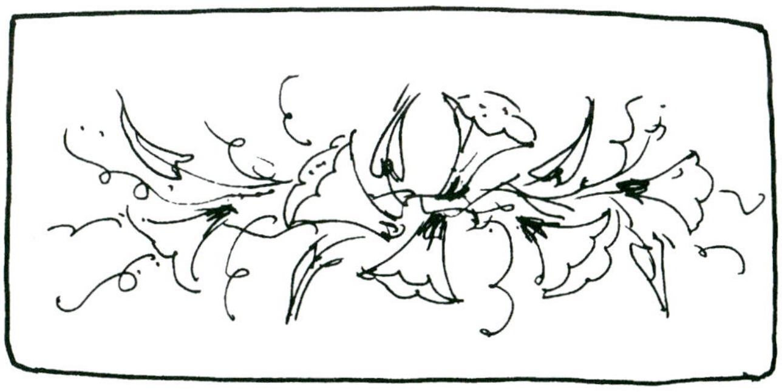

Dessus de plateau

Au fil des pages de cet ouvrage
vous avez découvert 105 modèles différents,
55 compositions sur pièces
et 90 frises pour un décor d'accompagnement.

Ce travail de création et de composition,
je l'ai fait pour vous permettre de trouver, dans différents décors,
les éléments que vous allez choisir pour réaliser des pièces originales.

Composez votre propre décor en partant d'un modèle.
Personnalisez-le en choisissant la frise que vous trouverez
à votre goût et en accord avec le décor choisi.

Laissez parler votre imagination.
Ne soyez pas prisonnier d'une simple copie.
Une feuille de plus, une branche fleurie par là,
un insecte inattendu, donneront le petit plus
qui vous sera peronnel.

Après le dessin, pensez toujours à la virgule et ses applications.
Une couleur bien posée, nuancée, fait partie du plaisir
que vous allez ressentir lors du résultat final.

Lydie Guilley